EL IGUÁNODON

por Harold T. Rober

BUMBA BOOKS™ en español

EDICIONES LERNER ◆ MINNEAPOLIS

Nota para los educadores:

En todo este libro, usted encontrará preguntas de reflexión crítica. Estas pueden usarse para involucrar a los jóvenes lectores a pensar de forma crítica sobre un tema y a usar el texto y las fotos para ello.

Traducción al español: copyright © 2018 por ediciones Lerner
Título original: *Iguanodon*
Texto: copyright © 2018 por Lerner Publishing Group, Inc.

La traducción al español fue realizada por Annette Granat.

ediciones Lerner
Una división de Lerner Publishing Group, Inc.
241 First Avenue North
Mineápolis, MN 55401, EE. UU.

Si desea averiguar acerca de niveles de lectura y para obtener más información, favor consultar este título en www.lernerbooks.com

Library of Congress Cataloging-in-Publication Data

Names: Rober, Harold T.
Title: El iguánodon / por Harold T. Rober.
Other titles: Iguanodon. Spanish
Description: Minneapolis : Ediciones Lerner, [2018] | Series: Bumba books en español. Dinosaurios y bestias prehistâoricas | In Spanish. | Audience: Age 4–7. | Audience: K to grade 3. | Includes bibliographical references and index.
Identifiers: LCCN 2016049150 (print) | LCCN 2016049861 (ebook) | ISBN 9781512441178 (lb : alk. paper) | ISBN 9781512453621 (pb : alk. paper) | ISBN 9781512449617 (eb pdf)
Subjects: LCSH: Iguanodon—Juvenile literature. | Dinosaurs—Juvenile literature.
Classification: LCC QE862.O65 R622418 2018 (print) | LCC QE862.O65 (ebook) | DDC 567.914—dc23

LC record available at https://lccn.loc.gov/2016049150

Fabricado en los Estados Unidos de América
1 — CG — 7/15/17

Tabla de contenido

El iguánodon comía plantas

El iguánodon fue un tipo

de dinosaurio.

Vivió hace 125 millones

de años.

Está extinto.

El iguánodon era grande.

Era casi tan largo como

un bus.

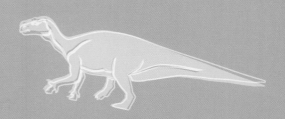

El iguánodon pesaba mucho.

Cada uno pesaba tanto

como un elefante.

El iguánodon tenía un pico.

No tenía dientes al frente de su boca.

¿Cómo piensas que el iguánodon usaba su pico?

Tenía dientes planos a los lados

de su boca.

Estos dientes le ayudaban a masticar

las plantas.

El iguánodon no comía carne.

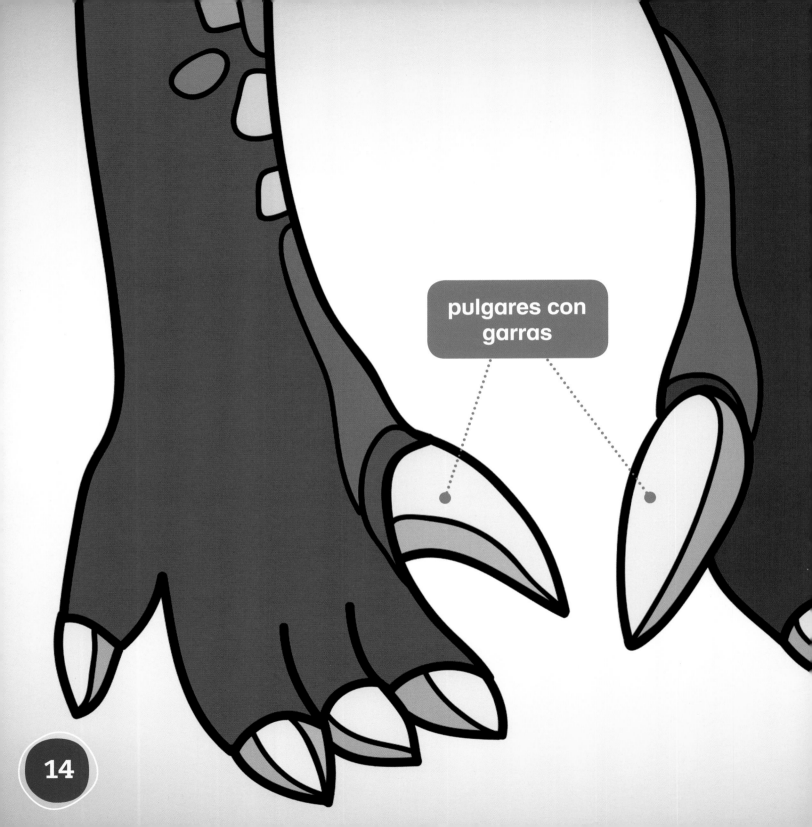

pulgares con garras

Tenía garras en

sus pulgares.

Los pulgares probablemente

le ayudaban a conseguir

comida.

Los iguánodons jóvenes caminaban

sobre dos patas.

Los iguánodons viejos usaban sus

cuatro patas para caminar.

¿Por qué piensas que los iguánodons viejos usaban sus cuatro patas para caminar?

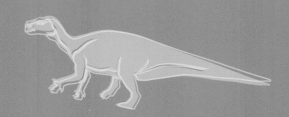

El iguánodon tenía una cola larga.

La cola le ayudaba a equilibrarse.

Los iguánodons vivían

en grupos.

Viajaban en manadas.

¿Por qué
piensas que
los iguánodons
viajaban en
manadas?

20

Partes de un iguánodon

cola

pico

pulgares con garras

patas

Glosario de las fotografías

extinto

que ya no vive

garras

objetos con puntas afiladas

manadas

grupos grandes de animales que se quedan juntos

pico

la mandíbula unida de un animal

23

Leer más

Raatma, Lucia. *Iguanodon.* Ann Arbor, MI: Cherry Lake Publishing, 2013.

Rober, Harold T. *Velociraptor.* Minneapolis: Lerner Publications, 2017.

Rockwood, Leigh. *Iguanodon.* New York: PowerKids Press, 2012.

Índice

Crédito fotográfico